金韻梅花詩

上平

魁花獨出群芳叢占斷江南廿四風白

香傳未先宇內人間到處覺春融一東

羣陰剝盡一陽追清去機關無杏每獨

次園林高位置孤標殊是無塵瀟江 三江
萬蹤無雙根素裹領袖層羣許及敵窓
了一段分作暖東風移上向南枝 四支
數傾好葉破寒戲得月當像悵獲嬋小
立節棲爭索笑責昏人要來還歸 五微

藐姑仙子愛山居絕世風流畫最別書
幽棲探未得白雲深處隱那二處六魚
莫笑枝條大半枯叢篁偏解吐清腴筆
畫描寫難肯當与江山作畫圖七虞
花光隱約過湖西翰墨芳要細品題

似性空戲酒半醒天長秀韻寫雲羅漫
人莫認真源路口迴時處踏亂云 十二文
白石崚嶒厚古根晚烟漠漠護前邨寒雲
任尔迷花經白首山風為掃門 十三元
水翁蘿遍寺猿笑倚殘階 十二
桐家書

吞雕雲寒誰向雪中作侶儕 九佳

年來得約緣塵境世眼誰情閒範才 美意

東風澤莫恙不催花謝只催開 十灰

吾懷民與當天民性似儂最兩適其懷

澂楞伽真覺叔滿園囊李任事春 十一真

踏寒骑访花信满林香雪度深梢二叶
为诗名惹出迎郎携节端画数年功眠
萧承雪都也已英称东风说寄意二首
萧画共繁华门宫京青青绿气伤东华
荏年白合挂仙籍不解仙缘只籍袁也四直学

[illegible]

[illegible]

[illegible]

[illegible]

[illegible]

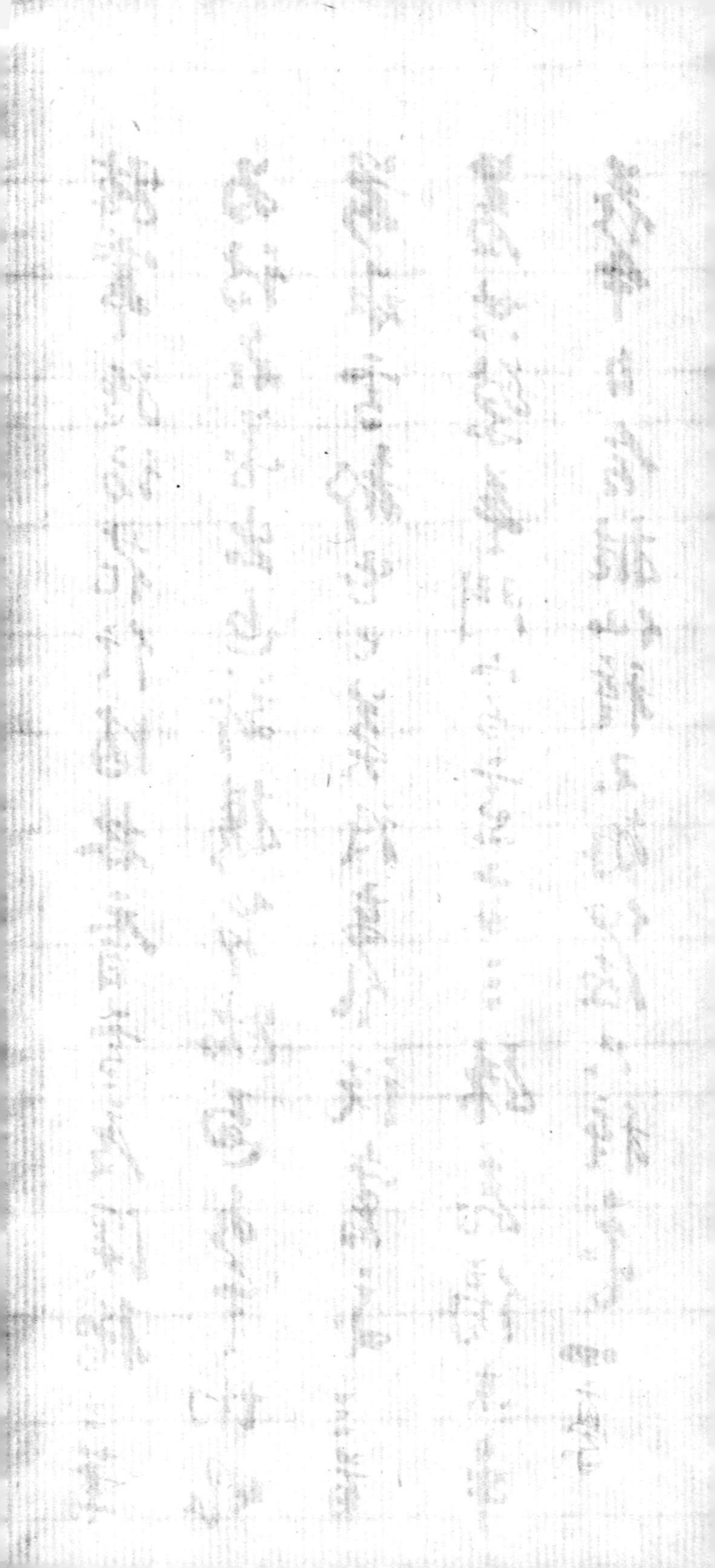

雪莊賣醫倦鶴生雲庵破笑韻 十五刪

下平

不是狂來狂在先懶前尋得世譏清野笑

化蜂蝶擇世蠖來解尋去非落天 一先

叢菊英華著數只條萬共根前後共鄉時

去歲無端已報青山不世情 八庚

艸衰木落歎凋零獨挺仙姿倚石屏

最喜故人重見面渡江春共柳青青 九青

一篇霜月共清溪家樹先春到灞陵 蒸

詩瑞華來遠置憑伊面目昨前秋 十一尤

幽懷偶爾是陶家豪興傲瓊林富貴家莫
遣行風吹白月江城篷窗動地氣亦麻
月向雲中覓早芳多情應說色色甚陽和
以一詩請如詩泛眼教窺鬢已霜之曷
一詩雅集照醒眼書窗雜錄正欵橫遮似

憶張耐昨紐霞慣見空谷燈 十四歲

東風一夜醉瑤逐闌列羅浮第幾豈得眠

枝外霞結子誰從味外辨殘鹹 十五歲

上聲

香比衆芳情春光屬奇勒樹不是花王

何不高生東坡出貴免身詞家說先心輻派大

歎庭除念翠羽啾啾對夕陽　十二　候

息閑書信到江南真谷先生已幸甜根似芳

名篇不佳雲山深處有人探　十三　寧

窮居生涯正幽僻隱隱輻安吐玉英且喜志

骨重不能空品價高頗偉雖古不益魁
糊居不羨也尾亞庵
楷綢近星和泊仲兄伊是天下第一張君
芳誰與語去語
喜共根節交美屈隨喜李使來風雖兒

中先受東皇寵〻腰
芳姿雅韻呀踈影橫斜港幾陣東風來
層報囑一捧〻猶
獨踞後獨清小隱〻氣仕庶當梅宜人真
出塵遂君子 羅

慣為春情作餞先暮泥引社年寶藏中

也應伊得意 十一韻

費盡見才算領花愁二度落鋪起花不遠佳

山外一聲隱 十二韻

燕掠窗清高風神青繞遠斜出三兩枝

嗚呼兆弟八歲
瘦骨傲冰霜擘枝有脫節本來耐寒
空空不用著聲騷九霄
但見梅花要處採香雪海一任花開落
自號清芬夜十時

山風吹木末落雪出林表寒策到夜讀
清吹不覺曉十七條
隨性畫山居經霜曾素艷孤芳植自
笑不用蝶蜂攪十八巧
人盡說園林家還說山島園林多勞耕

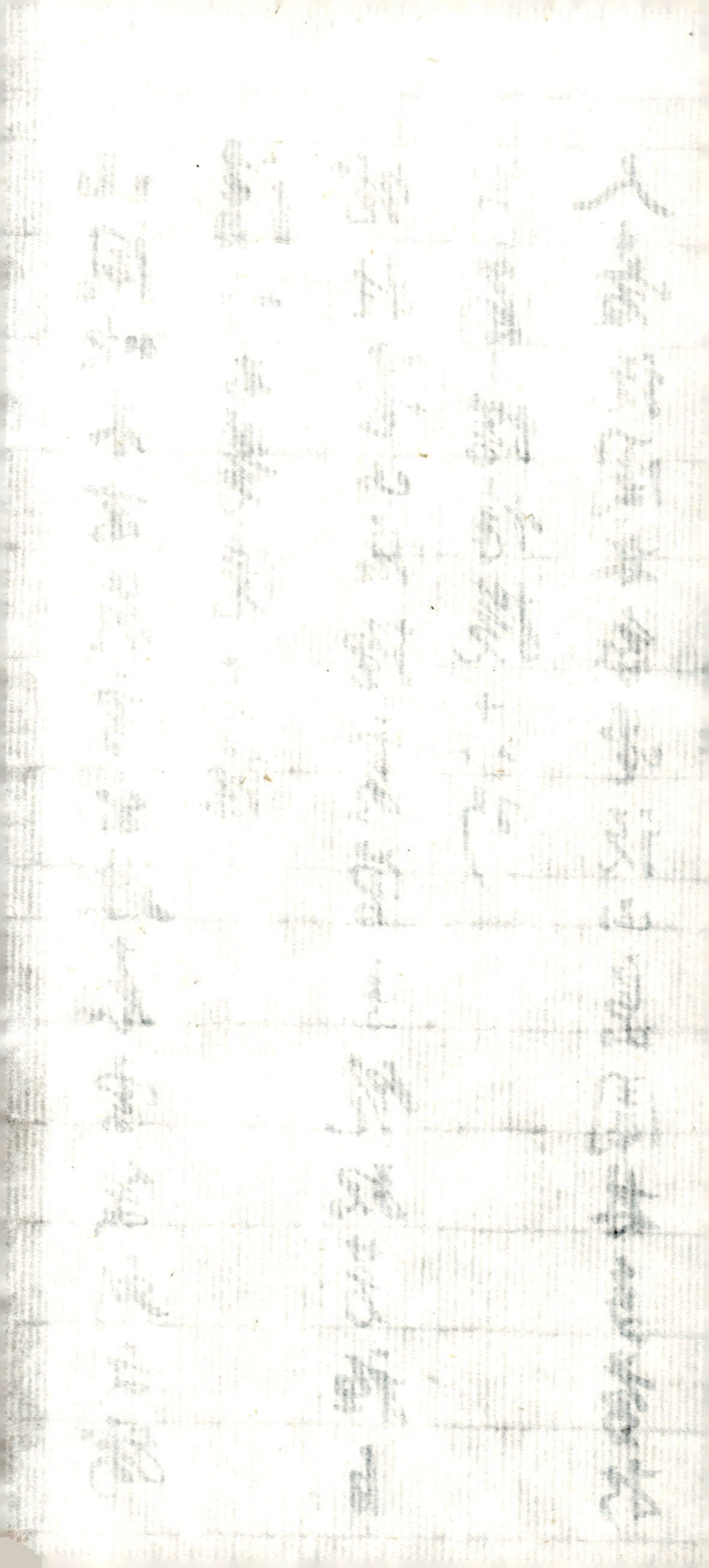

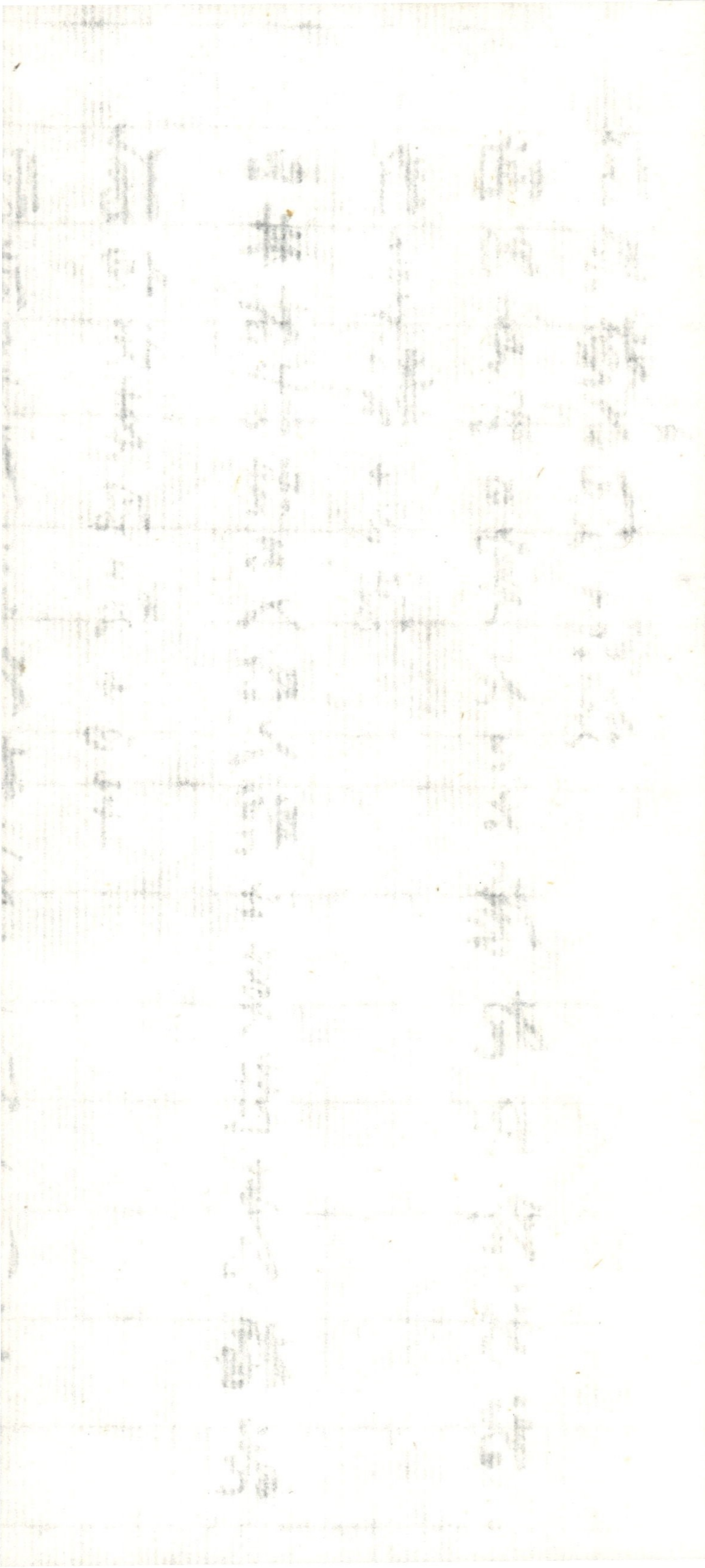

晴但說春風暖 十四早

山林枯槁性不入時人醒吐蕊趁春飛梅花

粉色鄰 十五潛

開到春和日寒花已太晨桃風躍新詩

情興極不淺 十六銳

老閣多情與時送遙繞境月中曰路
轉誤瑤梅花影 二十三枝
我郡多梅家壽以梅未肯洗滌塵土
西好伴孤山頂 二十四回
梅不自離先花者曰居後釋氏竟然

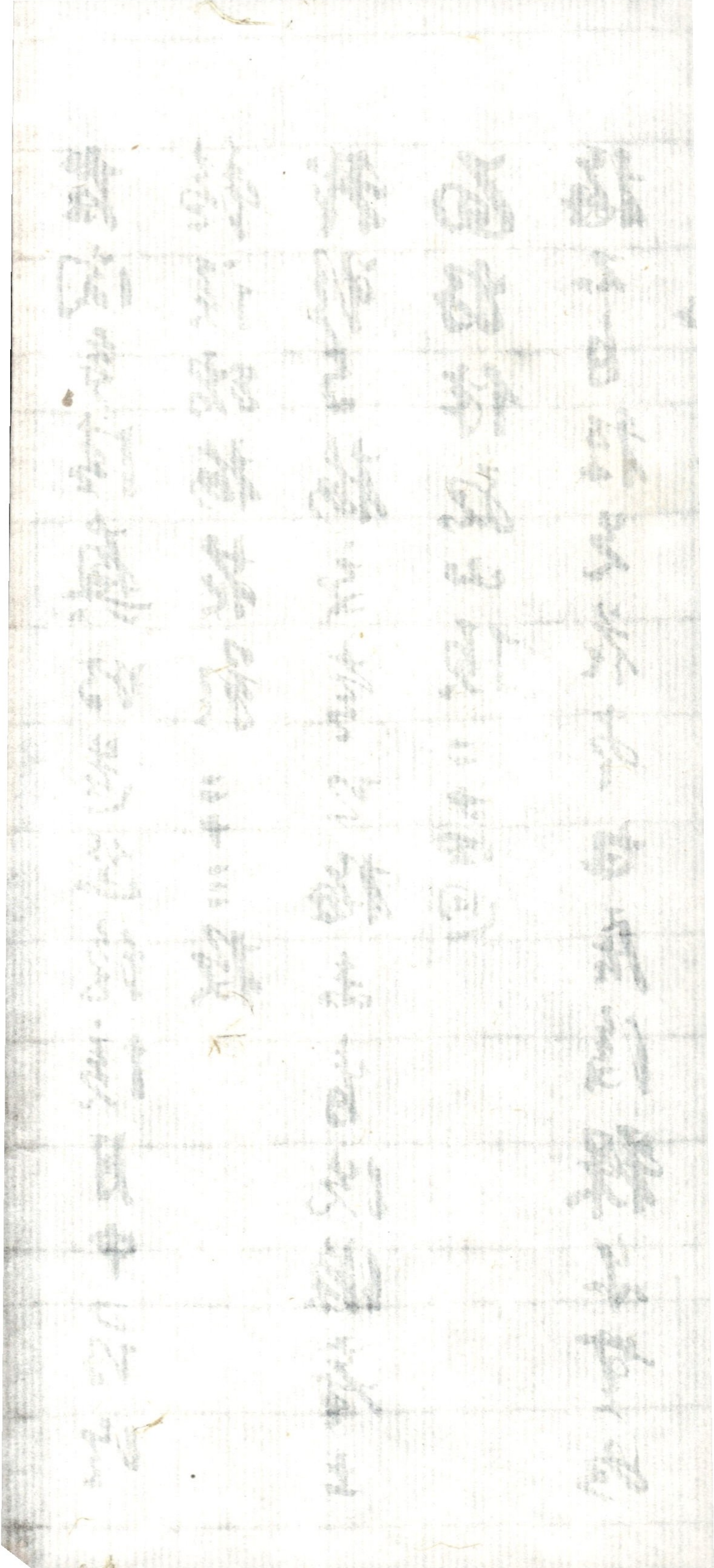

晚晴標第一 二十聲

栗栗華空空中曾心聊一寫瑤姿閒逸淡

第後最秀者 二十一焉

繞屋種梅花觀茅誰与黃梅結素心

人情嗟費如想 二十二宜

疎〻三两枝月下依稀横任他得寂寞
風味殊不識　二十九録
十聲
月影半横窗空花时一弄人比雨清逸
一枕来香夢一逕

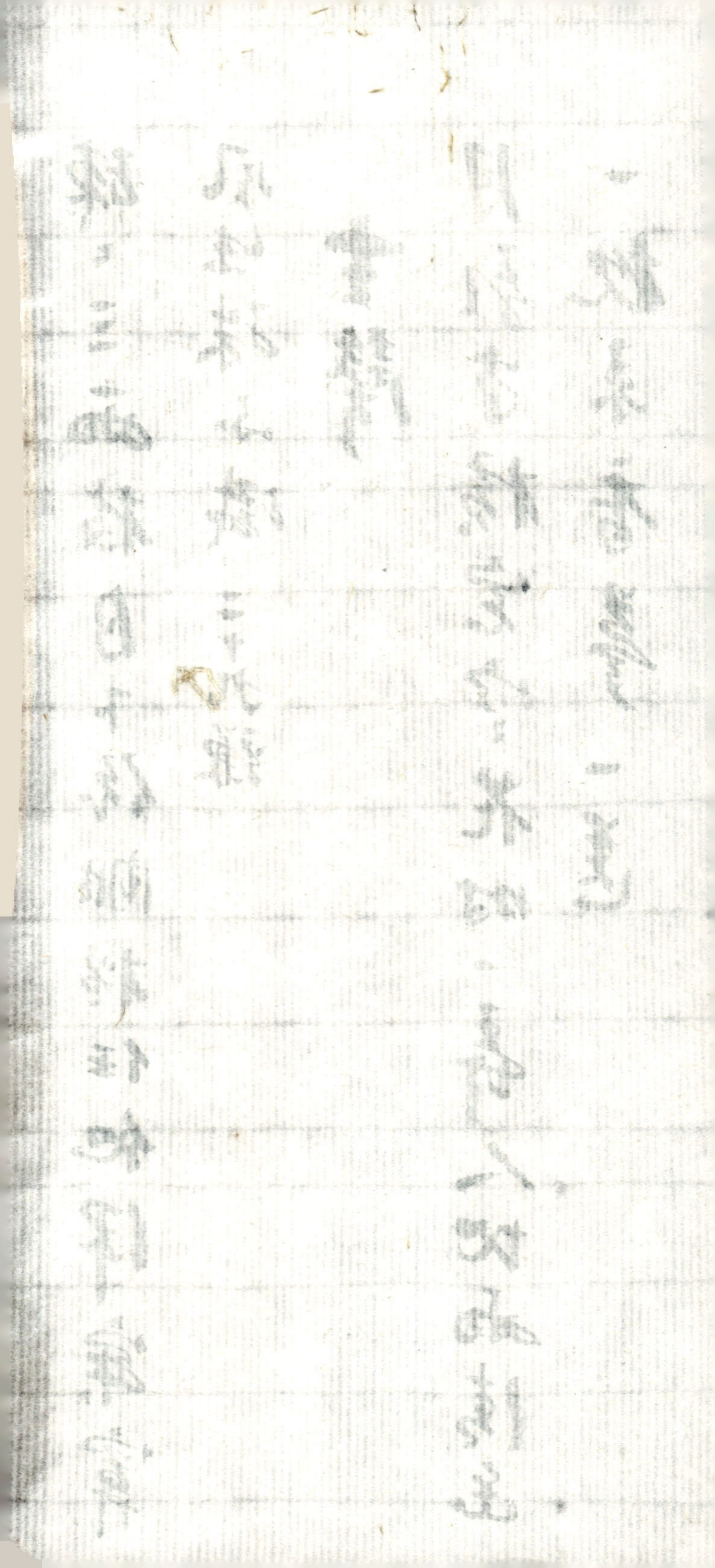

[illegible]

[illegible]

[illegible]

[illegible]

[illegible]

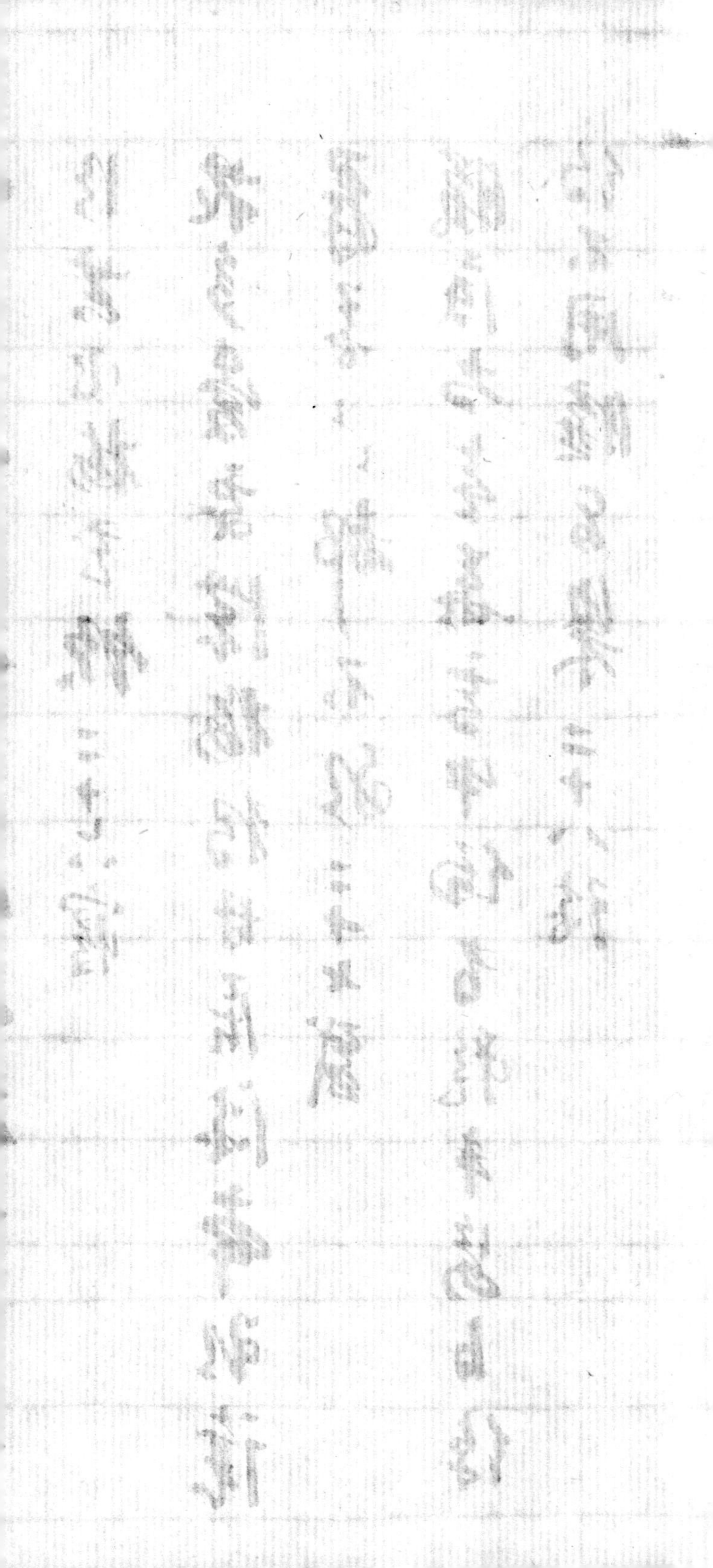

隱若飛梅雪領 二十六寫

花多處愛憐梅獨甘居後春朝讓

羣芳羣芳都不敢 二十七歲

臘底出來葉雪中偏有艷本姿自綽

約不用臙脂染 二十八歲

梅窗遺二首 窗遺音味 吾東

梅園具仙姿情逸如露如咸二翁嶺頭

春多在雪深處六御

書字細霜探得閒中趣彼自長者

黃一任晨花語 七遍

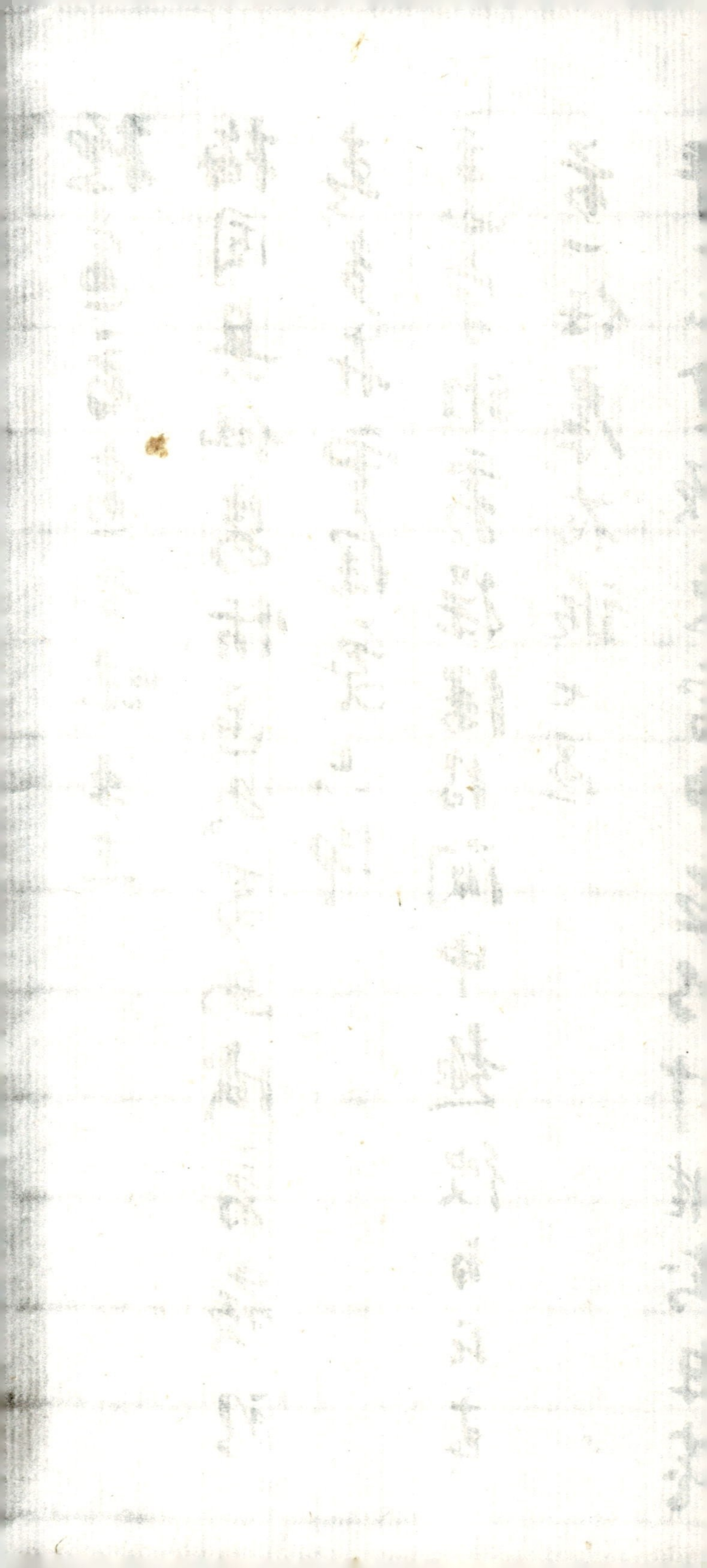

品梅寂清高甘心居陋巷与雪笑寒

苦守天未肯降 三绛

日来咏梅意微领在中意味为乡人道

翻觉无一字 四真

任移无为园路带山林气落落幽情

风也摧花剥碎 十一隊

梅在卦爻中為復冬為震陽氣初回

又傳通泰風信 十二震

詳觀山水中穿雲是人間自解吐孤芳

莫問標嘉韻 十三問

[illegible]

身住白雲中香飄白雲外任他風雪寒

自然乾坤泰 九泰

嶺上一枝春機鋒攜禪不怪西情語雪姿

源向畫頭春 十卦

莫論尋寒家疏管聲一葉不曾引清

最是泽不见 十七霰

百奇竞奏老将犹共一笑能解秀好香

自从将中到 十八啸

未是缥缈气殿星安般见些红皆合

醉山水夜白集 十九效

瓶内供新梅花開一年大笑兩兩中見

留取從來看 十五篇

生來迷寒象纔雪久難慣淌學細領

男婦得香一瓣 十六諫

蕩蕩洞雨多情人多緣德賽度風致

玉与柳同謗 二十三漾

中庭羅皓白鼉書箋書貞雅許錄遠窗

細一篇新雪映 二十四敬

蘿蔔出橫枝咏多力不勝東風華冗

情為掃雪三徑 二十五徑

[illegible]為古高支兩覺[illegible]此其自[illegible]

唯富家挽夏詹惟貧寅予賀情如林處士
但爱落梅度二十一篇
梅是山中老如何肯狠狎我来视賞精
一任林间過說 二十二稿
青生常尋晚氣是否一種明顏為清華光

詩系文負梅久二十九韻

梅在雪中開花先寄信〻我自守寒之不

為东風爛三十陌

入聲

何日遂来憶買山川歸窗繞屋種梅花

[illegible]十二[illegible]

人[illegible]

[illegible]

[illegible]

[illegible]

黄昏疏影动隔地好清萧隐被、照飞尽

一轮明月侵 二十七沁

花多争向万梅白日要暗香无花更先

先梅、不憾 二十八勘

贵花须到处策杖到村店梅来寻我

陵阳生云雾列来无一物玉貌河涵之

青矣自攀攀五物

宜雨又宜烟宜霁又宜月冬夜四者全

抱我棲瘦骨六月

四野山光滴梅拂烟一抹自带云中来

[illegible]

[illegible]

[illegible]

[illegible]

[illegible]

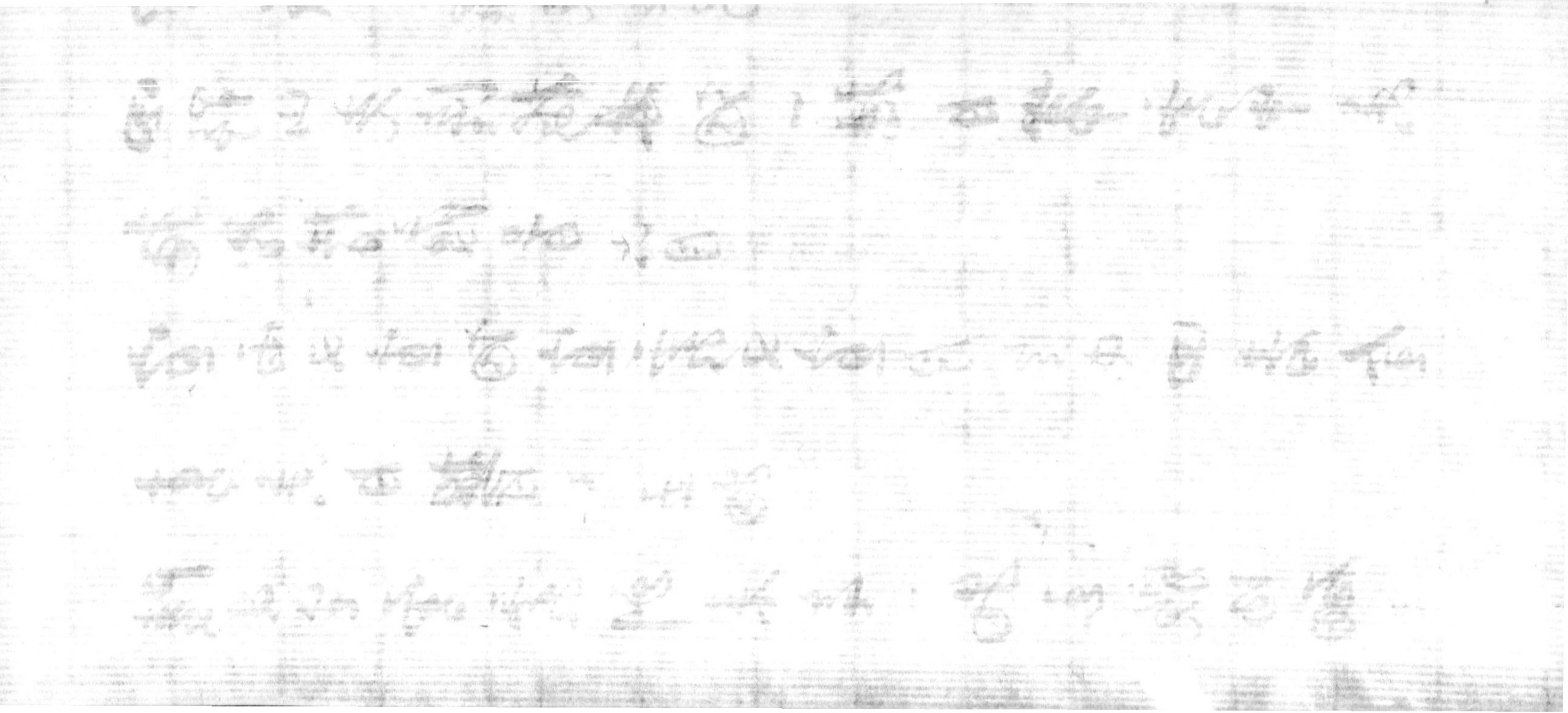

[illegible]

數向夢中續二伏

疏影橫窗掛幌者上屋角遮來何處遠一

枕夢初覺三角

間生思厚花花中分甲乙為高不辭先讓

梅屋第一回贊

寒來雪作銀盤 八點

到來香梅愛瘦覺境出繞聖去滿林霜

要是花先發 九盾

張鵠橫枯餘花開滿籬落清兵紫泥

夢白香此中集 十葉

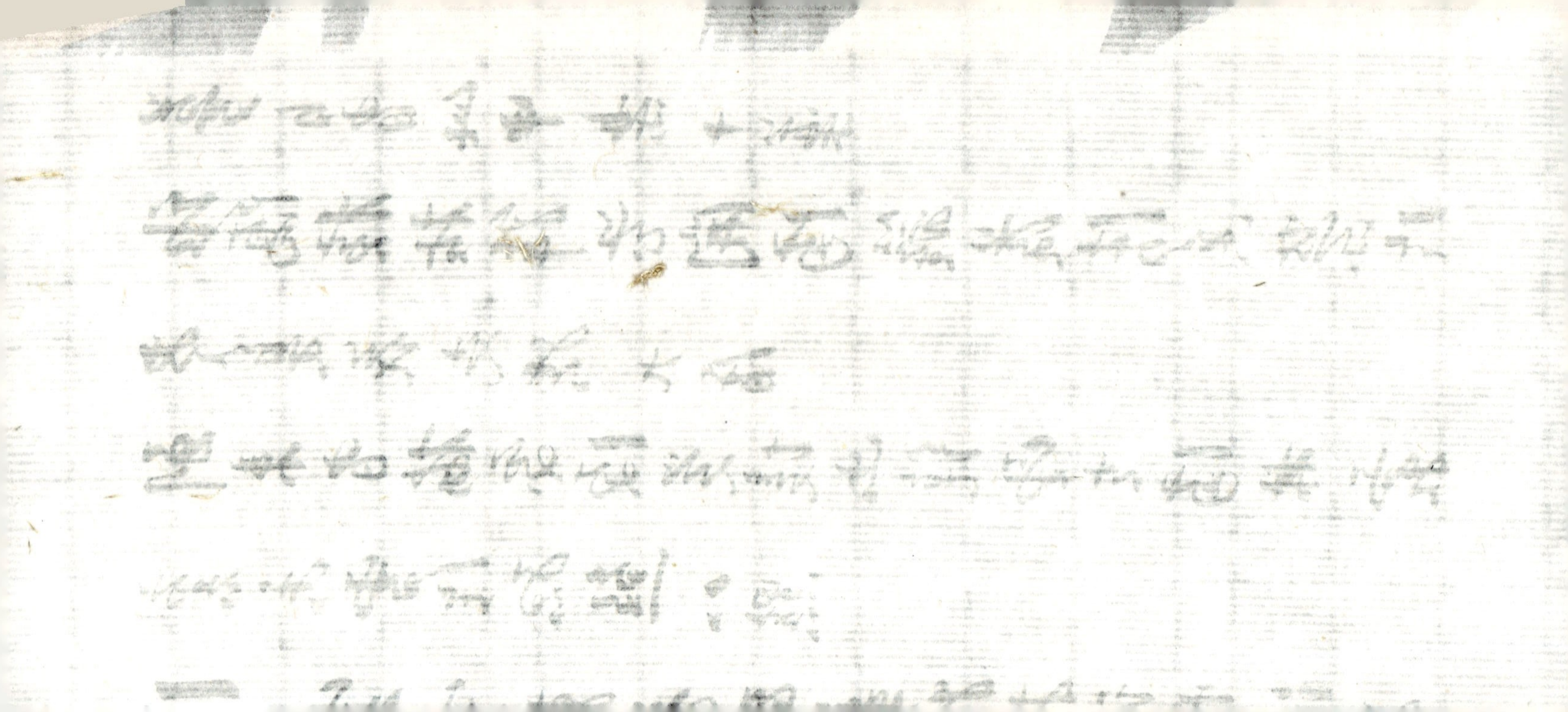

寒梅適强真雪帳侵腹迎新來瑶玉
枝爲作座上客 十一陌
月影上東牆花光照粉壁小不畏冰霜
冰霜久經歷 十二錫
雪中吐寒蕊顫欠支撐力我自不搖擺

秉是年畢品名先第一甲首第二通首
予侍試儿美佳十七洽
全韻詩成書奉
孟兒詞丈郢正
葦浦樵女駿脫稿

四意光温 十四德

草木怯春意寒梅破早臘到來風自

清靈古香象襟 十五合

開白雪霜天有花來有葉集白噴清英

不引穿花蝶 十六葉